Franck Leplus

Syndicalistes

**Franck Leplus**

# Syndicalistes

## Comédie Dramatique

**Éditions Muse**

**Imprint**

Any brand names and product names mentioned in this book are subject to trademark, brand or patent protection and are trademarks or registered trademarks of their respective holders. The use of brand names, product names, common names, trade names, product descriptions etc. even without a particular marking in this work is in no way to be construed to mean that such names may be regarded as unrestricted in respect of trademark and brand protection legislation and could thus be used by anyone.

Cover image: www.ingimage.com

Publisher:
Éditions Muse
is a trademark of
International Book Market Service Ltd., member of OmniScriptum Publishing Group
17 Meldrum Street, Beau Bassin 71504, Mauritius

Printed at: see last page
**ISBN: 978-620-2-29233-7**

# SYNDICALISTES !

Comédie

de Franck LEPLUS

# *SYNDICALISTE !*

Distribution :

Franck le Secrétaire Général d'un syndicat

Corinne une collègue syndicaliste de Franck

Sophie un agent désemparé

Jean un syndicaliste musclé

Isa la syndicaliste déjantée

Durée : 90 mn

Résumé : C'est la vie quotidienne dans un syndicat professionnel de la santé. Les vérités sont révélées et les affaires parfois incongrues font leur apparition. Les Joutes entre syndicats et une direction mal aisée se perpétuent et rythment la vie sociale. Les personnages hauts en couleur animent le débat profond autour de la défense des salariés. Mais contre qui ?

***Les faits relatés dans cette comédie ont existé et ne relèvent d'aucune fiction…***

# ACTE 1

## Scène 1 : Franck – Corinne

*Franck et Corinne, deux représentants syndicaux sont en train de travailler dans un local syndical. Franck et Corinne tapotent sur ordinateur. Corinne s'exclame.*

Corinne : - Ah encore lui, cette fois-ci tu t'en occupes !

Franck : - De qui ça ?

Corinne : - De l'autre zozo… le brancardier qui avait piqué du matériel médical… !

Franck : - Il a recommencé ?

Corinne : - Pire !

Franck : - Il n'a pas piqué une ambulance tout de même ?

Corinne : - Un brancard !

Franck : - Pour quoi faire ?

Corinne : - je ne sais pas. Il a peut-être déjà songé à la prochaine fois : l'ambulance qui va avec le brancard !

Franck : - Bon on va tenter de lui éviter le licenciement mais il va devoir arrêter ses conneries ! Un brancard…du matériel médical… des draps… de la pharmacie… Il fait de l'humanitaire ce type-là ?

Corinne : - Du commerce surtout je crois ! … Tu as su pour la CGT ?

*Franck est curieux. Il attend la suite et reste sur sa faim. Corinne semble avoir trop parlé.*

Franck : - Quoi ?

Corinne : - Non rien !

Franck : - Quoi la CGT ?

Corinne : - Pas important !

Franck : - Ben si dis-moi !

Corinne : - Tu te rappelles le merdier qu'ils ont fait ?

Franck : - Oh que oui !

Corinne : - Les poubelles au milieu de la rue, le bouchon de vingt kilomètres, les cadres pris en otages, les palettes de bois qui enflammées ont mis le feu au bâtiment du service sécurité incendie… !

Franck : - Oui le sabotage des parachutes d'ascenseurs aussi !

Corinne : - Heureusement que personne n'a pris l'ascenseur !

Franck : - Ecrasée 30 mètres plus bas !

Corinne : - Irresponsable ! Des saboteurs !

Franck : - La coupure des vannes d'oxygène !

Corinne : - Les infirmières ont dû faire fonctionner les respirateurs à la main durant quinze longues minutes !

Franck : - Une chance : Pas de décès !

Corinne : - Homicide volontaire ou involontaire ?

Franck : - Les batteries des véhicules toutes enlevées et cachées dans une ambulance qui s'était planquée dans le centre de la ville ! Aucun transport hospitalier n'était possible !

Corinne : - Oui, ce sont des ambulances privées qui ont dû acheminer les patients d'un établissement à un autre pour que les examens soient faits !

Franck : - Elles ont d'ailleurs laissé un excellent souvenir de politesse et de professionnalisme !

*Corinne marque un silence. Franck la regarde.*

Franck : - et ?

*Corinne dépité le regarde avec un regard de compassion.*

Corinne : - Ils ont obtenu ce qu'ils voulaient !

Franck : - Quoi ?

Corinne : - Ben oui ! Les hommes et femmes d'entretien obtiendront le grade d'ingénieur en propreté dès l'âge de 52 ans !

Franck : Ils sont dingues à la Direction… ce n'était même pas justifié !

Corinne : - La paix sociale !

Franck : - Tu rigoles : il s'agit d'un vol manifeste !

Corinne : - La Direction aurait fait signer un document sur lequel la CGT s'accusait de la casse selon le Directeur Général Adjoint ! Une sorte de mea culpa qui, selon la direction, prouverait juridiquement les mauvaises actions répréhensibles. Selon ce même Directeur Général Adjoint, la CGT en reconnaissant ses erreurs ne recommencerait plus !

Franck : - Le même qui a accepté ces foutues revendications ?

Corinne : - Eh oui…un faux cul !

Franck : - Totalement !

Corinne : - La CGT est calmée ?

Franck : - Ils ont recommencé le surlendemain !

*Corinne va chercher une pile de dossiers et elle revient vers Franck. Elle reste silencieuse. Franck lève les yeux vers elle.*

Franck : - C'est quoi tout ça ?

Corinne : - Quelques dossiers à voir !

Franck : - Quelques ?

Corinne : - Oui j'ai trié. Il n'y a que les plus importants !

Franck : - Il faut voir cela maintenant ?

Corinne : - Ben oui demain : réunion du comité d'Hygiène puis réunion du groupe de travail sur les risques psychosociaux, ensuite commission emploi et quelques rendez-vous entre deux avant la fin de journée !

*Franck répond, dépité.*

Franck : - J'ai déjà envie de poser un RTT pour demain !

Corinne : - Tu ne prends jamais de RTT… Je commence ?

*Franck s'installe confortablement dans son fauteuil.*

Franck : - On y va !

Corinne : - Dossier numéro un : Quelle position va-t-on prendre sur le dossier amiante ?

Franck : - Les analyses disent qu'il y en avait ou pas ?

Corinne : - Les analyses disent que l'amiante était dans les normes acceptables !

Franck : - Bon…et bien… !

Corinne : - Mais la direction a indemnisé un patron du service !

Franck : - Les employés ?

Corinne : - Tintin les brouettes !

Franck : - Donc les analyses disent qu'il n'y a rien et la direction indemnise le grand manitou ?

Corinne : - Oui !

Franck : - On relance !

*Corinne fait un geste de victoire.*

Corinne : - Yes !

Franck : - Je suis contre l'injustice alors ils indemniseront les « petits » ouvriers !

Corinne : - Pour la journaliste : elle demande un mail pour préciser la place de notre syndicat !

Franck : - La place ?

Corinne : - Sur l'échiquier syndical !

Franck : - Pas du côté des vrais faux communistes qui font des affaires ! Pas du côté des mafiosos fascistes, ni de celui des crétins brosseurs qui signent tout ce que le gouvernement veut faire passer !

Corinne : - Oui mais je lui dis quoi à cette journaliste ?

Franck : - Ce que je viens de dire et si elle veut des précisions : elle m'appelle !

Corinne : - ça marche ! Pour la commission de discipline de Maggy DEBEYRE ?

Franck : - J'y vais personnellement mais je veux la voir avant !

Corinne : - Je prends rendez-vous avec elle… !

Franck : - Scandaleux ! Parce que cette pauvre fille ne plait pas à sa charmante cadre cette dernière lui colle un rapport au cul avec une faute professionnelle !

Corinne : - Qu'est-ce qu'elle a fait ?

Franck : - Rien !

Corinne : - Quel motif ?

Franck : - Un acte de violence sur une personne âgée !

Corinne : - Des témoins ?

Franck : - Aucun et impossible !

Corinne : - une plainte ?

Franck : - Même pas c'était une personne qui sortait d'un bloc opératoire et qui n'avait même pas conscience d'où elle était et de ce qu'elle faisait !

Corinne : - que lui reproche-t-on ?

Franck : - D'avoir giflé cette personne violemment une fois, deux fois, trois fois … une scène digne d'un dessin animé de Tex Avery !

Corinne : explique !

Franck : - Cette conne de responsable a fait trois témoignages écrits et ils sont tous différents !

Corinne : - C'est nul !

Franck : - La réalité je vais te la dire mais garde-là pour toi… !

Corinne : - Motus et bouche cousue !

Franck : - Cette fille est homo et cette cadre est homophobe, voilà tout !

Corinne : - C'est dingue et cela ne devrait pas exister dans un hôpital !

Franck : - Il y a des cons partout !

Corinne : - Quelle défense auras-tu ?

Franck : - Petit secret…mais je peux t'assurer que cette fille sortira indemne de cette commission et sera blanchie… je ferai tout pour que cette cadre quitte notre bahut !

*Corinne refait un geste de victoire.*

Corinne : Yes !

Franck : - La suite ?

Corinne : - Un dossier sur des roulements en douze heures… !

Franck : - C'est d'un chiant !

Corinne : - Ben oui mais ça va être présenté aux instances !

Franck : - Ils vont tous être contre par principe… !

Corinne : - Et nous ?

Franck : - Certainement pour puisque les personnels le souhaitent et que nous sommes représentants des personnels !

Corinne : - C'est l'inverse qui serait étonnant !

Franck : - Je ne te le fais pas dire !

Corinne : - Comment être élus des personnels et aller contre leur volonté ?

Franck : - C'est leur façon de faire !

Corinne : - c'est scandaleux !

Franck : - Oh il y a bien pire : Comme le travail du dimanche dans les magasins… les caissières et les vendeurs étaient pour…la direction pour…les salaires parfois multipliés par deux…le volontariat admis… et hop certains syndicats se sont positionnés contre !

Corinne : - Sans doute pour les conditions de travail ?

Franck : - Ben tiens !

Corinne : - Pour la vie de famille ?

Franck : - Bien sûr !

Corinne : - Pour quelle raison alors ?

Franck : - Tant que la loi ne passe pas et que des magasins ouvrent le dimanche, ces foutus syndicats leur font payer des astreintes en les passant au tribunal…quelques millions d'euros dans la poche de ces salopards… et les personnels ? Tintin comme tu dis !

Corinne : - Honteux !

Franck : - Aux autres, s'est même ajoutée la Centrale des travailleurs chrétiens : la CTC !

Corinne : - et ?

Franck : - Plus besoin de prier pour gagner le gros lot !

## Scène 2 : Franck - Corinne - Sophie

*Une jeune femme fait irruption dans le bureau en criant. Elle parait totalement affolée.*

Sophie : - Sauvez-moi vite ! Sauvez-moi ! Sauvez-moi !

*Franck s'affole également un peu en observant la jeune femme totalement apeurée.*

Franck : - Corinne ferme la porte, ouvre la fenêtre, ferme la porte, ouvre la fenêtre ! Tout va bien ! Personne ne n'énerve ! On se calme !

*Corinne s'exécute mais semble interrogative ou pour le moins surprise.*

Sophie : - Ils sont après moi !

*Franck va voir à la porte en regardant vers l'extérieur.*

Franck : - Mais qui ?

Sophie : - Des délégués de FO !

Franck : - Mais que se passe-t-il ?

Sophie : - Ils me veulent du mal !

Corinne : - Pourquoi ?

Sophie : - Parce que je ne veux plus payer ma cotisation !

*Franck et Corinne se regardent complices.*

Franck : - C'est pour cela que vous êtes si effrayée ?

Sophie : - Oui ils m'ont menacé…ils veulent me pourrir la vie… ils ont dit que j'allais avoir une faute professionnelle… ou que je finirais dans le coffre d'une voiture dans une casse !

Franck : - N'importe quoi !

*Franck retourne tranquillement vers son bureau et Corinne s'approche de Sophie en posant une main sur son épaule pour la rassurer.*

Corinne : - Nous avons l'habitude …pas de souci !

Franck : - La fois dernière ils pourchassaient un agent de sécurité dans les sous-sols… heureusement il a réussi à fuir …ils n'ont réussi à obtenir que son pantalon déchiré !

Corinne : - Il y a eu aussi la petite du troisième, séquestrée durant trois jours dans les toilettes de la cafeteria jusqu'à ce qu'elle signe son chèque d'adhésion !

Franck : - Ils en sont réduit à ça …et à menacer les gens !

Corinne : - Si tu ne payes pas la petite assurance tu auras à faire à nous !

Franck : - Véritable Farce Unifiée ! Digne d'un vieux film sur la maffia américaine !

Sophie : - C'est tout à fait ça… mon médecin m'a demandé pourquoi je ne portais pas plainte au commissariat… ?

Franck : - Oui c'était une possibilité, et ?

Sophie : - Eux ont des avocats qu'ils peuvent payer...pas moi !

Corinne : - C'est une bonne raison !

Franck : - J'ai une autre solution !

Sophie : - Dites-moi ! Je ne sais plus quoi faire ! J'ai même peur pour mon intégrité physique !

Franck : - intégrité physique…bien sûr …bien sûr !

Corinne : - Ne vous inquiétez pas …ça va aller maintenant !

## Scène 3 : Franck - Corinne – Sophie – Jean

*Franck se déplace et se poste près de la porte et crie.*

Franck : - Jean ! Jean ! Dans mon bureau s'il te plait !

*Les trois patientent juste quelques instants et arrive quasi en courant un gaillard patibulaire, d'une allure menaçante.*

Jean : - Bonjour Chef, que se passe-t-il ? Puis-je être utile à quelque chose ?

Franck : - Bonjour Jean, je te présente Sophie !

Jean : - Enchanté Sophie !

Sophie : - Bonjour Monsieur Jean !

Jean : - Jean tout court !

Sophie : - Bonjour Monsieur Jean TOUCOURT !

*Jean la regarde un peu, désabusé.*

Franck : - Sophie a été menacée par des sbires de FO et elle est venue nous voir !

Jean : - Où ça ? Qui ça ? Où ils sont ces oiseaux-là ? Je vais m'en occuper moi ! Purée… ça va barder ! Je vais leur broyer les côtes !

Franck : - Calme toi mon ami… ! Tu vas juste accompagner Sophie, passer devant les locaux luxueux de FU et leur faire comprendre que c'est dorénavant l'une de tes syndiquées !

Jean : - O.k. ! On fait ça tout de suite !

Sophie : - Et ils ne vont plus m'ennuyer ?

Corinne : - Sans souci Sophie, notre Jean a des arguments frappants !

Sophie : - Je vous remercie beaucoup… !

Corinne : - Tiens c'est amusant ça !

Franck : - Quoi donc ?

Corinne : - Sans souci Sophie !

Franck : - Ah oui pas facile si tu as un cheveu sur la langue !

Corinne : - Sans souci Sophie !

Franck : - Bon c'est bon …Allez et ne vous en faites plus, tout va s'arranger !

*Jean fait signe à Sophie de le suivre et ils disparaissent dans le couloir.*

Jean : - Allons-y Sophie !

Sophie : - Je vous suis Monsieur TOUCOURT !

*Jean s'arrête, la regarde, ne dit rien et la précède dans le couloir.*

Corinne : - Sans souci Sophie !

*Frank la regarde avec un regard de désapprobation. Le téléphone sonne. Corinne décroche.*

Corinne : - Syndicat…Oui ? Monsieur DERIHUS… Bonjour Monsieur le Directeur Général Adjoint…Si …oui il est là…je vous le passe… ! Franck c'est pour toi !

Franck : - Qu'est-ce qu'il me veut ? Demande-lui !

Corinne : - Quel est le motif de votre appel ?

*Franck fait mine de tout de suite lui passer le téléphone. Il regarde Corinne avec un air désappointé.*

Franck : - Bonjour Monsieur DERIHUS… que me vaut un appel si matinal ? Il est déjà 15h30 ? Je n'ai pas vu le temps passer ! Oui le vote en comité du projet Mères-enfants … Vous avez dans votre poche la CGT et FO qui voteront Oui…C'est très bien pour vous… la CFDT aussi ? Là cela ne m'étonne pas du tout…Eh bien Monsieur le Directeur je pense que si vous brûlez un cierge vous aurez aussi la CFTC … Et si vous tournez le dos au Nord vous ferez face au SUD et de ce fait vous pourrez aussi tenter de les convaincre car ils pèsent tout de même 2% … Notre position ? Avez-vous lu mon courrier à ce sujet ? Donc vous connaissez notre position… Oui…Ben non nous n'avons pas changé d'avis… Des nouveaux éléments ? Oui ceux de la veille mais réécris façon énarque… Bonne journée à vous aussi…enfin bonne soirée … !

*Il raccroche le téléphone et reste pensif. Corinne le regarde. Il explose d'un coup.*

Franck : - Mais quel faux cul !

Corinne : - je pense aussi !

Franck : - Il tente de couvrir son directeur technique !

Corinne : - Qui est nul !

Franck : - Et qui va coûter une fortune à l'établissement tellement il est incompétent !

Corinne : - En deux mots aussi !

Franck : - Pardon ? Ah oui en deux mots ! Elle est fine celle-là ! A croire qu'ils financent autre chose en payant des factures aussi élevées, avec des chantiers aussi longs, avec des modifications insensées. Ce projet est un puit sans fond !

Corinne : - Pour cela qu'ils ont mis dans un placard à balai l'autre directeur !

Franck : - Lui connait son métier, un ancien ingénieur !

Corinne : - Dans le bâtiment !

Franck : - Un expert !

Corinne : - Dans le placard !

Franck : - A balai !

Corinne : - On marche sur la tête !

Franck : - Dans la Fonction Publique on jette les bons et on garde les mauvais !

Corinne : - Parce que sans doute les mauvais ne trouveraient pas de travail dans le privé !

Franck : - Ou pire : ils feraient des économies !

*Un silence s'instaure. Corinne regarde dans le vide. Franck regarde ses chaussures. Il rompt le silence en se levant et en marchant tout en observant ses pieds.*

Franck : - Je vais devoir imperméabiliser mes pompes !

*Corinne s'approche et regarde les chaussures de Franck.*

Corinne : - Oui il faut le faire !

Franck : - Pourquoi les fabricants ne pensent jamais à imperméabiliser les chaussures ?

Corinne : - Je ne sais pas !

Franck : - Il ne pleut jamais chez eux ?

Corinne : - Ben si !

Franck : - Ils vendent à part les produits d'imperméabilisation !

Corinne : - Voilà !

Franck : - Et tout le monde s'en tape !

Corinne : - Voilà !

## Scène 4 : Franck – Corinne – Isabelle

*Isabelle une autre déléguée syndicale arrive très énervée.*

Isabelle : - Ils ont saboté des machines robotisées au centre de biologie !

Franck : - CGT ou FO ?

Corinne : - Plutôt FO ?

Isabelle : - FO !

Franck : - Gagné !

Corinne : - M'en doutais !

Isabelle : - Ils ont enlevé les coupes circuits !

Franck : - et ?

Corinne : - grillées !

Isabelle : - Les cartes mères sont grillées !

Franck : - Gagné !

Corinne : - deux points !

Isabelle : - Les médecins sont obligés de venir chercher leurs bilans d'urgences vitales !

Franck : - Ah ben en même temps c'est FO !

Corinne : - Chez FO ce ne sont pas des cadeaux !

Isabelle : - Vous prenez ça à la rigolade mais des patients peuvent mourir !

Franck : - Grâce à FO un cercueil en chrono !

Corinne : - Vive FO le syndicat qu'il vous faut pour finir vos vies de gloglos au père Lachaise rapidos !

Franck : - Excellent Corinne !

Corinne : - Merci Franck !

Isabelle : - Bon vous revenez sur terre ?

Franck : - Vas-y Isabelle !

Corinne : - Bouhou je vais chercher le courrier !

*Corinne sort rapidement pour aller chercher le courrier.*

Isabelle : - Elle est partie combien de temps ?

Franck : - Dix minutes pourquoi ?

Isabelle : - J'ai envie de toi !

Franck : - ça ne va pas non ?

*Franck se lève et tente de faire le tour de la pièce en évitant Isabelle.*

Isabelle : - Si je t'assure que je ressens quelque chose de fort !

Franck : - M'enfin !

Isabelle : - Franck viens m'embrasser !

Franck : - Mais non… nous sommes dans un lieu de travail…isabelle cesse donc cette plaisanterie !

Isabelle : - Tu me rends folle ! cela fait des années que je te regarde… que je regarde tes petites fesses…tes jolies mains … tes yeux … ton… !

Franck : - holà on se calme !

Isabelle : - J'ai envie de toi !

Franck : - Va prendre tes médicaments !

*Isabelle poursuit Franck dans la pièce.*

Isabelle : - Viens me prendre dans tes bras !

Franck : - J'ai du travail ! Et puis nous sommes dans un local syndical !

Isabelle : -Non viens me prendre tout court !

Franck : - Mais non !

Isabelle : - Sur le bureau !

Franck : - Il est encombré !

Isabelle : - dans l'armoire !

Franck : - Elle est pleine de dossiers !

Isabelle : - Sur la photocopieuse !

Franck : - Tu regardes trop la publicité à la télé !

Isabelle : - Par terre vite fait !

Franck : - Mais c'est dégueulasse !

Isabelle : - Mais si on met juste une veste par terre !

*Elle prend la veste sur la chaise. Il rattrape la veste et la remet sur la chaise.*

Franck : - Mais non ne touche pas à ma veste !

Isabelle : - Assis sur les toilettes !

Franck : - Mais ça suffit oui !

## Scène 5 : Franck – Isabelle - Sophie

*Elle s'accroche à lui et il l'entraine dans ses déplacements dans tous les coins du bureau. Sophie qui était partie avec Jean revient dans l'intervalle sans faire de bruit. Elle reste près de la porte et observe la scène.*

Isabelle : - Je veux. Je veux. Je veux !

Franck : - Je ne veux pas parce que c'est comme ça !

Isabelle : - Je veux. Je veux. Je veux !

Franck : - M'enfin Isabelle il faut que cela cesse !

*Il aperçoit Sophie près de la porte et change son comportement.*

Isabelle : - Je veux… !

Franck : - D'accord… Bon c'est d'accord !

*Isabelle le lâche, éberluée de sa réponse.*

Isabelle : - Comment ?

Franck : - C'est d'accord j'accepte que tu fasses ta carte syndicale pour l'année prochaine mais c'est un peu tôt !

Isabelle : - Ma carte syndicale ?

Franck : - Ben oui…Oh Sophie que souhaitez-vous ?

*Isabelle commence à comprendre la réponse de Franck en s'apercevant de la présence de Sophie à la porte.*

Sophie : - Je vois que votre syndicat attire irrésistiblement !

Franck : - Oui comme vous voyez !

Isabelle : - Y'a pas que le syndicat qui est attirant !

*Franck fait une grimace.*

Franck : - Alors que se passe-t-il ?

Sophie : - Je suis venue pour prévenir !

Franck : - Que … ?

Sophie : - Monsieur TOUCOURT étrangle un représentant FO !

Franck : - Pardon ?

Sophie : - Il en a assommé deux en dix secondes, deux autres se sont sauvés et un autre qui venait avec une batte de base-ball pendouille en l'air tenu par le cou !

Franck : - Ils sont où ?

Sophie : - Dans la salle de détente du rez-de-chaussée !

Isabelle : - Un comble ! Dans une salle de détente !

Franck : - J'y vais de suite… surveille la maison !

Isabelle : - Pas de problème !

*Franck se dépêche et sort du bureau à toute hâte pour aller stopper son ami. Un petit silence s'installe.*

## Scène 6 : Isabelle – Sophie

Sophie : - Il est bien bâti !

Isabelle : - Franck est très bel homme !

Sophie : - Je ne parlais pas de Franck mais de Monsieur Jean TOUCOURT !

Isabelle : - Monsieur TOUCOURT n'importe quoi ! Il ne s'appelle pas tout court mais BONNO !

Sophie : - Monsieur Jean TOUCOURT est en fait Monsieur Jean BONNO ? Jean BONNO ?

Isabelle : - Oui je comprends mieux…appelez le Jean tout simplement !

Sophie : - Monsieur Jean TOUCOURT serait Jean BONNO et maintenant Jean TOUTSIMPLEMENT ! De qui se moque-t-on ici ?

Isabelle : - Mais de personne… !

Sophie : - Eh bien puisque c'est comme ça je l'appellerai Jean ! Voilà !

Isabelle : - Jean VOILA c'est bien aussi !

Sophie : - C'est ironique ?

Isabelle : - Pas du tout !

Sophie : - Ah bon je préfère !

Isabelle : - Etes-vous consciente que Jean est allé corriger ces types parce qu'ils vous avaient menacée ?

Sophie : - Oui et il le fait de fort belle manière !

Isabelle : - Au risque de perdre sa place !

Sophie : - Non parce que je témoignerai !

Isabelle : - Qu'allez-vous donc dire ?

Sophie : - Que les gens du syndicat FU ont préparé un guet-apens, qu'ils attendaient cachés dans la pénombre, qu'ils patientaient tels des bandits de grand chemin prêts à trucider le voyageur qui passerait par là… !

Isabelle : - et ?

Sophie : - Que Monsieur Jean n'écoutant que son courage fit preuve d'une grande témérité et resta face à eux… se défendit contre ces agresseurs… les repoussa avant qu'il ne prenne quelques coups et fut obligé de riposter pour sauver sa vie !

Isabelle : - Sauver sa vie ? Ce n'est pas un peu trop là !

Sophie : - Pour cela Monsieur le juge… !

Isabelle : - Monsieur le juge ?

Sophie : - Oui Monsieur le juge c'est en légitime défense que Monsieur Jean a assommé quelques agresseurs !

Isabelle : - Juge ?

Sophie : - C'est aussi un accident s'il a un peu serré la gorge d'un troisième agresseur et que ce dernier est tombé raide sur le sol … !

Isabelle : - raide sur le sol ?

Sophie : - Sans qu'un souffle ne puisse sortir de sa trachée écrasée !

Isabelle : - Comment ?

Sophie : - Oui Monsieur le juge les circonstances sont sans doute troublantes mais Monsieur Jean n'est coupable que de s'être défendu !

Isabelle : - Houlalalala c'est aussi violent que cela ?

Sophie : - Il ne se laisse pas faire !

Isabelle : - Oui mais l'autre est vraiment en l'air ?

Sophie : - Presque collé au plafond !

Isabelle : - Purée !

Sophie : - Oui il a de grands bras en plus !

Isabelle : - Je ne peux pas laisser Franck seul avec lui !

Sophie : - Avec le cadavre ?

Isabelle : - Cadavre ? Non avec Jean ! Trouvera-t-il les mots pour le faire lâcher prise ?

Sophie : - Franck parle très bien !

Isabelle : - Oui ça je sais …bon je vous laisse surveiller ce bureau… je les ramène très vite !

Sophie : - Prenez votre temps !

Isabelle : - Merci je fais au plus vite !

*Isabelle se rend rapidement sur les lieux du crime ou en tous les cas de l'agression.*

## Scène 7 : Sophie

*Sophie est seule dans le bureau. Elle regarde les affiches, observe les dossiers qui trainent, l'ordinateur…lorsque le téléphone retentit.*

Sophie : - Je réponds ou je ne réponds pas… ça insiste… c'est peut-être grave… peut-être Franck qui tente de joindre ses collègues…je réponds… Allo ? Oui vous êtes bien au syndicat ! Si notre syndicat s'occupe également des cadres et si on agit avec diplomatie pour défendre la position de l'encadrement ! Ben oui mais je ne suis pas la spécialiste… les collègues… que je vous passe quelqu'un de compétent en la matière ? C'est que pour le moment l'un des collègues étrangle un gars d'un autre syndicat après en avoir assommé deux et deux autres collègues sont partis pour l'empêcher de tuer …Allo ? Allo ? Il a raccroché le mal élevé…bah c'est que cela ne devait pas être très important… !

*Elle raccroche le téléphone et déambule lentement dans l'espace de la pièce. Le téléphone retentit à nouveau.*

Sophie : - Monsieur ? Monsieur qui ? Monsieur DUSSE ? Monsieur DETRITUS ? Oh articulez ! Je ne comprends pas bien ! Quelle idée aussi de porter un nom romain…pourquoi pas DUCUBITUS ou DEMONRADIUS … Vous êtes quoi ? Directeur ? …Eh bien félicitations c'est que vous deviez bien travailler à l'école... Si je me moque de vous ? Certainement pas je suis au contraire heureuse de votre réussite... Si le Secrétaire Général est là ? Non il livre une difficile opération qui pourrait sauver la vie d'un agent... Si la décision a été prise pour le vote mère/enfant ? Je ne sais pas moi.... Comment il faudrait se décider ? eh bien... Enfant Monsieur le Directeur ! Quoi comment ? Vous me demandez de voter mère ou enfant et je réponds enfant...il faut penser à l'avenir Monsieur le Directeur.... Comment zinzin ? ... Allo ? Allo ? ... Il a aussi raccroché ce Directeur Romain... !

*Elle ouvre l'écran et lit quelques mails qui se trouvent dans la boite de réception.*

Sophie : - Je vais les aider un petit peu moi le syndicat...ils sont sympas... Bon qu'est-ce qu'elle écrit celle-là ? « Monsieur le Secrétaire Général pouvez-vous nous informer du nombre de représentants de votre organisation participant à la cérémonie des vœux ? » ...Oh ils sont beaucoup dans le syndicat ...allez...je réponds : Bonjour ma petite dame...nous serons environ huit cent cinquante...préparez les petits fours ! ... Tiens quelqu'un qui doit se faire passer pour le Directeur Général ... il souhaite la bonne année... ce doit être un farceur...je vais lui répondre : « Cher Monsieur le Directeur Général... merci de vos bons vœux... pour ma part j'espère piquer votre place aussi je ne vous souhaiterai qu'une bonne santé... Je me demande par ailleurs si je ne vais pas garder votre secrétaire très sexy à mon service...Néanmoins je vous accorderai une petite prime de départ... Gros bisous ! » ...Ben voilà quand on peut rendre service on le fait et on ne demande rien en retour ! Et quand on a de l'humour on peut bien recevoir une réponse sympa et joviale !

**Lumière – Rideaux**

## ACTE 2

### Scène 1 : Corinne – Franck

*Corinne est installée au bureau. Franck déambule dans la pièce avec un dossier à la main.*

Corinne : - Le CHSCT a été saisi d'un accident de travail !

Franck : - Dis-moi…de quoi s'agit-il ?

Corinne : - Une aide-soignante de nuit s'est foulée la cheville !

Franck : - Elle sera reconnue !

Corinne : - Pas sûr !

Franck : - Pourquoi ?

Corinne : - Elle a noté sur la déclaration s'être réveillée brusquement et s'être levée rapidement du fauteuil dans lequel elle somnolait !

Franck : - Dans ce cas-là c'est plutôt mal barré !

Corinne : - Par contre ils ne font pas de CHSCT extraordinaire pour le suicide de jean-maxime !

Franck : - Forcément un ancien leader de la CFDT !

Corinne : - Il n'y a pas photo tout de même, c'est un suicide !

Franck : - Ils ont dû le reconnaître comme accident de travail !

Corinne : - Il est électricien mais tout de même !

Franck : - Quelle étaient les circonstances ?

Corinne : - Tu ne te souviens plus ?

Franck : - Ben non !

Corinne : - Il avait détourné la caisse de son syndicat, sa femme la caisse du CE de son entreprise … !

Franck : - … et son gosse la caisse de la coopérative de l'école !

Corinne : - Ce n'est pas drôle, il a tenté de mettre fin à ses jours !

Franck : - Comment s'y est-il pris ?

Corinne : - Il a volé dans une pharmacie une boite de cachets et l'a avalée toute entière…ensuite il s'est enroulé une corde autour du cou… il est monté sur son bureau…a attaché la corde au plafond et il a sauté du bureau !

Franck : - et ?

Corinne : - Ils l'ont retrouvé au sol avec tout le plafond dégringolé autour de lui !

Franck : - Un peu de surpoids sans doute !

Corinne : - et ensuite direction les toilettes !

Franck : - Pour un lavage d'estomac ? Le faire vomir ?

Corinne : - Pas vraiment…les cachets …un truc contre la constipation… !

Franck : - Non ?

Corinne : - Si ! Il s'est trompé de boite !

Franck : - Accident de travail !

Corinne : - Eh oui !

Franck : - Il doit avoir un bon copain à la Direction celui-là !

Corinne : - Aussi !

Franck : - Un bon renvoi d'ascenseur !

*Un silence s'instaure. Franck regarde Corinne.*

Franck : - En taule la vieille !

Corinne : - Pardon ?

Franck : - En cabane la psy de FO !

Corinne : - Qui ?

*Il se lève et mine une femme d'un certain âge mentalement dérangée.*

Franck : - La maboule …La folle dingue… Celle qui insulte, menace, aboie, hurle… !

*Un silence se réinstaure. Franck regarde à nouveau Corinne.*

Corinne : - Je trouve que tu mimes bien !

Franck : - Elle devrait être à la retraite mais elle a cumulé trois années de repos, congés annuels, RTT et jours fériés ! Trois ans !

Corinne : - Elle s'accroche !

Franck : - Comme un vieux bigorneau aux rochers du nord de Brest !

Corinne : - Bigorneau ça lui va bien !

Franck : - Elle s'ensable sur une plage des Galápagos comme une vieille tortue !

Corinne : - Ce n'est pas gentil pour les tortues !

Franck : - Certains de ses délégués sont totalement à son service et quand je dis service …mais ce sont des esclaves ces pauvres bougres et ces pauvres bougresses…Ils lui font un petit café serré le matin vers huit heures…Ils vont lui chercher son petit verre d'eau fraiche vers dix heures et à midi un larbin lui rapporte un plateau du self dans son bureau !

Corinne : - Pourquoi ne va-t-elle pas au self ?

Franck : - Devine !

Corinne : - Elle a peur de manger devant les autres ?

Franck : - Non !

Corinne : - Elle bosse en mangeant ?

Franck : - Non !

Corinne : - Je ne vois pas… !

Franck : - Elle croit qu'une foule va venir la saluer à table et qu'elle sera si dérangée qu'elle mangerait froid !

Corinne : - Elle est ravagée mémère !

Franck : - Totalement… !

Corinne : - Narcissique !

Franck : - A donf !

*Un bref silence s'instaure.*

Franck : - Tu sais par le passé nous avons aussi eu des casseroles !

Corinne : - Chez nous dans notre syndicat ?

Franck : - Pas ici mais dans notre fédération !

Corinne : - Explique !

Franck : - Un de nos syndicats était très convivial… si convivial que les membres du bureau et de nombreux adhérents ne suçaient pas des glaçons !

Corinne : - Alcoolisés ?

Franck : - C'est peu dire … S'ils soufflaient dans le ballon, ils explosaient …Les apéros démarraient vers dix heures et ne se terminaient qu'au soir… faute de combattants encore debout !

Corinne : - Quel sérieux !

Franck : - Sauf que cela coûte très cher !

Corinne : - et ?

Franck : - Tous les troquets du coin refusaient les gus tellement ils avaient d'ardoises impayées !

Corinne : - Donc ils allaient se fournir au magasin !

Franck : - Tu ne saurais être aussi proche de la vérité !

Corinne : - qu'ont –ils fait ?

Franck : - Un jour je croise le Directeur de l'établissement en question dans une réunion extérieure à son bahut et il me confie un drôle de problème ! Il avait l'air chagrin le brave type !

Corinne : - C'était ?

Franck : - Il menait une enquête pour savoir qui avait bien pu commander mille cinq cent bouteilles de pastis sur les commandes du magasin de son établissement !

Corinne : - Les collègues ?

Franck : - En fait ils n'aimaient pas tellement le pastis mais ils revendaient les bouteilles à moitié prix dans leurs locaux syndicaux et avec le bénéfice ils remboursaient doucement leurs dettes et s'achetaient d'autres alcools plus à leur goût !

Corinne : - Personne ne les as dénoncés ?

Franck : - Les acheteurs ?

Corinne : - Ah ben oui forcément !

Franck : - Le directeur a passé cette affaire sous silence et le dossier aux oubliettes.

Corinne : - Les petits malins que sont-ils devenus ?

Franck : - Ils ont été virés du syndicat !

Corinne : - Ah au moins un syndicat qui respecte la justice !

## Scène 2 : Corinne – Franck – Isabelle

*Isabelle arrive un peu tourmentée. Franck la regarde. Corinne la voyant arriver s'en va regarder quelque chose sur l'ordinateur.*

Isabelle : - Salut !

Franck : - Bonjour isabelle comment vas-tu ?

Corinne : - Salut !

Isabelle : - J'ai croisé le DRH et le DG !

Franck : - Ils vont bien ?

Isabelle : - Tiens ils ont posé la même question sur toi !

Franck : - Ils deviennent fous ?

Isabelle : - Ils ont dit pareil !

Franck : - Qu'ont-ils dit exactement ?

Isabelle : - je n'ai rien compris !

Franck : - Vas-y, je vais comprendre sans doute !

Isabelle : - Le Directeur Général a demandé si tu picolais ?... Il a ajouté que pour prendre sa place il fallait être compétent…que sa secrétaire attendait des excuses … et que les petits fours on pouvait se les carrer dans le… !

Corinne : - Quel vulgaire individu !

Franck : - Qu'est-ce qu'il lui prend ?

Isabelle : - Je ne sais pas mais ils avaient l'air bien remontés tous les deux, remontés comme des coucous suisses !

Franck : - Franchement je ne vois pas ce qui peut les mettre dans cet état ?

*Corinne qui tapote sur l'ordinateur vient de comprendre.*

Corinne : - Oh je crois que je viens de comprendre !

Franck : - Dis-nous !

Corinne : - Je pense que quelqu'un t'a fait une sacrée farce !

*Franck se rue sur elle et regarde l'ordinateur à son tour. Il comprend brusquement.*

Franck : - Qui donc a écrit ce courriel ? Ah ! Ah ! Mais c'est de la folie ! Qui donc a répondu ces conneries ?

Corinne : - Pas très malin !

Franck : - Corinne appelle l'informatique pour savoir si quelqu'un aurait piraté ma boite !

*Corinne s'empresse de prendre un téléphone et de se blottir dans un coin pour appeler le service informatique.*

Franck : - Alors là bien joué pour me discréditer !

Isabelle : - Le Directeur Général avait les yeux exorbités !

Franck : - J'imagine !

Isabelle : - On aurait dit qu'il entrait sur un ring !

Franck : - Il pique parfois de grosses colères !

Isabelle : - On aurait dit un autre homme !

Franck : - Quoi ?

Isabelle : - Il avait changé physiquement !

Franck : - Euh… ?

Isabelle : - Une sorte de zombie !

Franck : - Hein… ?

Isabelle : - Métamorphosé en monstre ingérable !

Franck : - Holà !

Isabelle : - Prêt à tout jusqu'à l'irréparable !

Franck : - Quel film as-tu regardé à la télé hier soir ?

Isabelle : - Dévastation Zombie !

Franck : - ça ne m'étonne plus… !

*Corinne revient pour expliquer sa communication avec l'informatique.*

Corinne : - Mon pote a tout vérifié !

Franck : - Et ?

Corinne : - Rien de rien, cela vient bien de cet ordinateur et en direct… personne ne l'a piraté !

Franck : - C'est donc d'ici que cela s'est fait !

Corinne : - Oui !

Franck : - Je ne vois pas qui a pu venir ici et taper sur ce clavier en dehors de nous !

*Les trois se rassemblent autour du bureau et restent pensifs...*

## Scène 3 : Corinne – Franck – Isabelle – Sophie

*Sophie entre et s'approche du groupe puis reste pensive de la même façon.*

Franck : - J'arriverai à savoir le fin mot de cette histoire !

Corinne : - Oui, au moins on serait fixé !

Isabelle : - Je suis terriblement attristée que cela t'affecte autant !

Franck : - Merci Isabelle !

*Isabelle s'approche de Franck.*

Isabelle : - Puis-je te consoler ?

Franck : - Isabelle je n'ai pas la tête à ça !

Isabelle : - Je m'en moque moi de la tête !

Corinne : - Le problème reste entier !

Franck : - C'est un mystère !

*Sophie que personne n'avait aperçue s'en va faire un show au milieu du bureau.*

Sophie : - La femme a naturellement l'instinct de mystère....mystère... mystère... mystère... Mon âme a son secret, ma vie a son mystère.....mystère...mystère...mystère...Il est des mystères que l'on peut à peine imaginer, et que l'on ne résoudra qu'en partie... Les secrets et les mystères... discrets, impénétrables ...que dis-je : ténébreux et ésotériques !

Franck : - Je commence à comprendre pourquoi elle était syndiquée à FO !

Sophie : - Je vous ai aidé et je ne rechigne pas au labeur !

Franck : - Qu'est-ce qu'elle dit ?

Corinne : - Je ne sais pas mais j'ai un doute !

Franck : - Une aide ?

Sophie : - Aide-toi et le ciel t'aidera !

Corinne : - Ah oui c'est pire que ce que je pensais !

Franck : - Tu as enregistré sa carte syndicale ?

Corinne : - Je ne sais pas !

Franck : - Rends lui son chèque au cas où !

Sophie : - J'aime me rendre utile !

Franck : - Pas la peine !

Sophie : - je peux être votre bonne fée !

Franck : - Carabosse !

Sophie : - Belle à nulle autre pareille, et qui plus est enchanteresse, et éternelle. J'évoque vos rêves les plus fous … !

Franck : - Je rêve qu'elle disparaisse !

Corinne : - Moi aussi maintenant que tu le dis !

Sophie : - Je vais accomplir vos espérances d'enfance lorsque Franck se voulait chevalier, chasseur de dragon, amant pour toujours d'une fée belle à nulle autre pareille … !

Corinne : - J'appelle notre représentant en psychiatrie ?

Franck : - Je me pose la question !

Sophie : - Je vais sauter par la fenêtre et vous montrer que je sais voler !

Franck : - Appelle-le ! Appelle-le !

*Corinne court vers le téléphone et fait nerveusement les numéros lui permettant de joindre la psychiatrie.*

Corinne : - Bonjour ! Vincent est-il là ?

Sophie : - Je serai accompagnée d'un vol d'hirondelle !

Corinne : - Comment ? Je dois raccrocher : vous attendez un appel de Céline Dion ?

Franck : - Ah ben d'accord !

Sophie : - Allez ! J'y vais !

*Franck s'accroche à elle.*

Franck : - Non Sophie, dehors il fait si froid que ce ne serait pas prudent !

Isabelle : - Je vais aller chercher du secours !

*Isabelle fuit vers l'extérieur à toute jambe.*

## Scène 4 : Corinne – Franck – Sophie – Jean

Franck : - Allons Sophie, cela n'est pas sérieux !

Sophie : - Je n'aurai pas dû y goûter !

Franck : - Goûter à quoi ?

Sophie : - Aux pastilles colorées qui sont vendues dans les vestiaires de cardiologie !

Franck : - Qu'est-ce que tu dis ?

Sophie : - Le trafic de stups en cardio !

*Franck s'adresse à Corinne.*

Franck : - Tu étais au courant ?

Corinne : - Pas du tout !

Franck : - Qui fait cela ?

Corinne : - Oui qui ?

*Corinne attrape Sophie brutalement la tire vers elle en la secouant. Franck les observe, médusé.*

Corinne : - Mais tu vas parler Pétasse…on va te faire lâcher le morceau… tu vas bavasser comme une perruche en mal d'amour…tu vas causer ma vieille… !

*Jean arrive en haletant. Il tombe sur Corinne qui secoue Sophie.*

Jean : - Ah ok c'est un partenariat syndical ? FO commence à la menacer et nous on la finit ?

Franck : - Corinne, lâche là tu es en train de lui faire peur !

Sophie : - Me faire peur est un peu en dessous de la vérité ! J'ai l'impression que mes yeux ne sont plus en face des trous… !

Corinne : - Tais-toi grognasse !

Sophie : - Je parle ou je me tais… je ne sais plus moi ?

Franck : - Là elle n'a pas tout à fait tort !

Jean : - Sur internet j'ai vu des leçons de tortures utilisées en Asie lors de l'Indochine et du Viêt-Nam !

Sophie : - Ah non Monsieur BONNOT !

Jean : - Monsieur BONNOT ? Monsieur BONNOT ? Mais, j'en ai Marre !

Sophie : - Monsieur AIMART !

Jean : - Je peux la secouer moi aussi ?

Franck : - Laissez donc cette pauvre femme… il faut qu'elle se repose ! Corinne aide- là à s'assoir sur le fauteuil !

*Corinne pousse Sophie qui s'affale dans le fauteuil.*

Corinne : - Et ne bouge pas Sophie, je t'ai à l'œil !

Franck : - Au fait Jean, que se passe-t-il ? Tu es arrivé ici en soufflant comme un bœuf !

Jean : - Euh ?

Franck : - Quelque chose s'est passée ?

Jean : - Je ne sais plus… !

Corinne : - Ben dis donc les muscles existent mais alors le reste… !

Sophie : - Petit cerveau !

Corinne : - Silence ou je m'occupe de te faire taire ma vieille !

Jean : - ça y est je me souviens !

Franck : - Alors ?

Jean : - la CGT vient de prendre en otage… de séquestrer plusieurs cadres dans un bureau du troisième étage de la Direction des ressources humaines !

Corinne : - Pour quelle raison ?

Jean : - Parce qu'ils veulent que les ouvriers qui trient les tubes passent ingénieurs dans un protocole … ! Un truc comme ça !

Franck : - Ben voyons !

Corinne : - Ils peuvent faire ça ?

Franck : - Il n'y aura plus que des médecins et des ingénieurs…ingénieurs pour les toilettes…ingénieurs pour changer les ampoules…ingénieurs pour éplucher les pommes de terre…ingénieurs pour conduire les ambulances…ingénieurs pour réparer les fuites d'eau…ingénieurs pour surveiller les parkings… ingénieurs pour le brancardage…ingénieurs est un métier d'avenir ! Comment peut-on être ingénieur… je change ma réponse et je réponds …seulement si tu as un BEPC… !

Corinne : - C'est du n'importe quoi !

Sophie : - J'ai mon BEPC moi !

Jean : - Et puis, Z'ont mis le feu ! Z'ont mis le feu ! Ils ont cassé une porte de parking ! Les caméras… avec des frondes les caméras !

Corinne : Mais pourquoi ?

Jean : - Ils veulent que le temps d'habillage déshabillage passe à 1h50 par jour et que la pause soit augmentée à 2h30 !

Corinne : - sur 8 heures ?

Jean : - Je crois !

Sophie : - 8 heures moins 4h20 restent tout de même 3h40 à bosser !

Franck : - Mais où va-t-on ?

Jean : - Ce n'est pas tout !

Franck : - Mais où va-t-on ?

Corinne : - Vas-y Jean raconte !

Jean : - Ils ont construit un mur de brique devant la porte de la maison de fonction du directeur des travaux !

Franck : - Mais où va-t-on ?

Corinne : - Je pensais qu'il n'y avait plus de maçons dans nos équipes techniques !

Jean : - Ils ont bossé de nuit et quand il a ouvert sa porte il a compris qu'il était emmuré avec toute sa famille … ça a fait du foin !

Franck : - Mais où va-t-on ?

Corinne : - et ensuite ?

Jean : - Il a permis aux personnels techniques de fêter la saint Eloi !

Franck : - Mais où va-t-on ?

Corinne : - C'est quoi la saint Eloi ?

*Jean se met à chanter à tue-tête.*

Jean : - « Non, non, non, Saint Eloi il n'est pas mort ! Non, non, non, Saint Eloi il n'est pas mort ! Car il bande encore, car il bande encore ! »

Corinne : - Ah ben d'accord !

Franck : - Mais où va-t-on ?

Jean : - C'est une fête … les gars se libèrent et picolent un peu !

Sophie : - Si c'est la fête on peut s'amuser alors !

Franck : - Jean, emmène-moi cette charmante dame avant que je ne m'énerve. Va lui offrir un café à la cafétéria… sur mon compte !

*Isabelle revient en courant.*

Isabelle : - ça y est ! La police les a arrêtés ! Ils ont été menottés et emmenés au commissariat en garde à vue !

Franck : - Les gars de la CGT ?

Isabelle : - Non !

Corinne : - Ceux de FO alors ?

Isabelle : - Non plus !

Jean : - Ce n'est pas la CFTC parce ce qu'ils sont en train de prier dans la chapelle pour avoir un peu plus d'adhérents !

Franck : - Alors ?

Isabelle : - La police vient d'embarquer les otages !

Corinne : - Quels otages ?

Isabelle : - Les cadres qui ont été séquestrés !

Franck : - Mais c'est le monde à l'envers !

Sophie : - Ben voilà… eh oui… puis-je m'exprimer démocratiquement sans risquer de me prendre une baffe ?

Franck : - Au point où nous en sommes…allez-y !

Sophie : - La première dame politique du coin ne serait-elle pas aussi présidente du conseil de surveillance de l'établissement ?

Corinne : - Oui c'est ça !

Sophie : - Ne briguerait-elle pas un poste politique très élevé dans un avenir proche ?

Jean : - Ah c'est bien possible. J'ai entendu parler qu'elle serait sans doute dans le prochain gouvernement… enfin c'est une rumeur !

Sophie : - la CGT, FO, la CFDT et la CFTC n'ont-ils pas des membres appartenant à quelques partis politiques proches de cette dame ?

Corinne : - Oh que si !

Sophie : - Alors il est préférable de faire incarcérer les fauteurs de trouble qui font partie de l'équipe de soutien politique ou alors les cadres qui représentent à eux trois seulement trois voix aux prochaines élections ?

Franck : - Alors là c'est très pourri ... Jean peux-tu emmener Sophie à la cafétéria s'il te plait ?

Jean : - J'y vais chef ! Allez Madame Sophie... Je vous invite !

*Jean et Sophie quittent le bureau. Sophie prend le bras de Jean comme un gentil petit couple.*

Isabelle : - je vais déposer le courrier aux vaguemestres !

*Elle sort également, puis revient et fait un grand clin d'œil à Franck avant de disparaitre dans le couloir.*

## Scène 5 : Corinne – Franck

Franck : - Le syndicalisme n'est plus ce qu'il était !

Corinne : - heureusement nous sommes différents !

Franck : - Oui mais comment faire comprendre que nous sommes différents avec toutes ces affaires...ces arrangements politico-syndicaux... ces fonctionnements dignes de la maffia américaine... et bien souvent des pétages de plombs si violents qu'ils feraient peur aux unités d'hospitalisation pour malades difficiles !

Corinne : - Les gens pensent que tout le monde se ressemble !

Franck : - C'est catastrophique !

Corinne : - Je pense qu'ils ne s'en rendent même plus compte tellement ils sont conditionnés à vivre des situations syndicales ubuesques !

Franck : - C'est-à-dire ?

Corinne : - Ils verraient les gens de la CFTC habillés en templiers enchainés aux grilles d'entrée de la Direction des Ressources Humaines… cela ne leur évoquerait rien de plus qu'une photo à prendre avec leur téléphone !

Franck : - Nous en sommes donc arrivés à ce point-là ?

Corinne : - Oui… te souviens-tu des insultes proférées au directeur qui présidait un CHSCT ?

Franck : - Evidemment…le pauvre !

Corinne : - Qu'a fait la direction pour lui venir en aide ?

Franck : - Rien !

Corinne : - Qui a gagné la partie ?

Franck : - Les crétins qui l'ont copieusement insulté et qui ont tellement pourrie la réunion qu'elle a dû s'arrêter !

Corinne : - Qui a perdu la partie ?

Franck : - Pour ma part je dirai les personnels qui n'ont même plus été représentés dans cette réunion sans finalité et sans résultats !

Corinne : - Sommes-nous dans la même logique ?

Franck : - Certainement pas !

Corinne : - Ne priorisons-nous pas la négociation ?

Franck : - Effectivement et nous nous battons pour obtenir des résultats !

Corinne : - En brûlant des palettes de bois ? En cassant ? En bloquant des secteurs de soins ? En interdisant l'accès à la pharmacie ? En Sabotant des robots de biologie ? En immobilisant des véhicules ?...

Franck : - Certainement pas … notre méthode n'a pas changé : argumentaire, poids de notre crédibilité… solutions et propositions et nous ne lâchons rien ! Mais dignement !

Corinne : - Nous n'obtenons pas ? Nos résultats sont nuls ?

Franck : - Au contraire !

Corinne : - Et tu n'es pas fier de cela et de l'ensemble de nos représentants qui suivent ces principes ?

Franck : - Si !

Corinne : - Tu es toujours aussi désabusé ?

Franck : - Non !

Corinne : - Alors ?

Franck : - Tu ne vois pas l'image que les autres donnent du syndicalisme ?

Corinne : - Pas terrible !

Franck : - On dirait qu'ils se sont trompés de pays !

Corinne : - Certains se pensent encore sous l'ère Che Guevara ou Mao… voire même Staline !

Franck : - Ils agissent comme si nous n'avions aucun droit !

Corinne : - Ce n'est certainement pas le cas… la paix sociale a été bien rétribuée ces dernières décennies !

Franck : - Abuser des bonnes choses n'aura qu'un temps !

Corinne : - Mais nous aurons bonne conscience tandis que les autres … !

Franck : - Ils feront comme les extrêmes !

Corinne : - C'est-à-dire ?

Franck : - Tous les autres sont méchants, dangereux, menteurs…eux sont honnêtes, disent que des vérités et sont efficaces… !

Corinne : - C'est plutôt sectaire !

Franck : - Il y a une différence ?

Corinne : - Non tu as raison !

## Scène 6 : Corinne – Franck - Isabelle

*Isabelle revient en courant. Elle dérape quasiment au milieu de la pièce et tente de reprendre son souffle. Elle est complètement décoiffée.*

Isabelle : - Ils sont en train d'exploser en vol !

Corinne : - Qui ?

Isabelle : - Un suicide collectif !

Corinne : - Mais qui ?

Isabelle : - Incroyable !

Corinne : - Vas-tu nous dire de quoi il s'agit ?

Isabelle : - Le syndicat FO !

Corinne : - Pourquoi suicide, explosions ?

Isabelle : - Incroyable ! une fuite terrible !

Corinne : - suicide ! explosion ! fuite ! Dis-nous tout !

Isabelle : - Je ne sais plus trop par quoi commencer !

Corinne : - Commence déjà par le début !

Isabelle : - un auto cambriolage qui a mal tourné !

Corinne : - comment ça mal tourné ? Auto cambriolage ?

Isabelle : - En fait un militant du syndicat en question a cambriolé son propre local syndical et son vol a été commandité par sa propre Secrétaire Générale !

Corinne : - Ridicule !

Franck : - Les raisons ?

Isabelle : - Pour planquer l'ensemble des documents concernant les adhérents !

Franck : - Donc pour les subtiliser avant que les autres représentants dudit syndicat n'y jettent un œil !

Corinne : - Quelle confiance !

Isabelle : - Oui c'est ça sauf que le cambrioleur a été filmé par toutes les caméras du secteur !

Franck : - Amusant de déclarer un cambriolage alors que c'est le syndicat lui-même qui s'auto cambriole ! ...Escroquerie aux assurances ? ...mais pourquoi ne suis-je pas étonné ?

Corinne : - Ben ils risquent la prison !

Franck : - Avec les juges proches de FO ? La presse proche de FO ? Une partie de la Direction et les personnalités politiques communales proches de FO : Pas du tout !

Isabelle : - C'est ce qu'ils ont dit !

Corinne : et ensuite ?

Isabelle : - le syndicat s'est fracturé en plusieurs morceaux !

Franck : - Ah ça m'intéresse mais certainement pas pour plâtrer !

Isabelle : - Plusieurs groupes de dissidents se sont constitués !

Corinne : - Pour faire quoi ?

Isabelle : - Certains pour virer l'actuelle Secrétaire Générale !

Corinne : - les autres ?

Isabelle : - Un autre pour devenir les leaders, d'autres encore pour flinguer le syndicat et les derniers pour obtenir justice des insultes et menaces dont ils ont été l'objet !

Corinne : - Quel foutoir !

Franck : - Vite un tract !

Corinne : - Un tract sur Quel sujet ?

Franck : - Sur le fait que si la secrétaire générale vire des représentants de son syndicat jamais nous ne les prendrions chez nous !

Isabelle : - Ah ben je crois qu'elle le sait !

Franck : - je tape le tract de suite !

*Franck se met à tapoter rapidement sur l'ordinateur avec un sourire ironique et quelques ricanements. Isabelle et Corinne commentent.*

Corinne : - Il a l'air de prendre du plaisir !

Isabelle : - J'aurai préféré avec moi !

Corinne : - Je me demande ce qu'il tapote ?

Isabelle : - Oh je suppose que personne ne sera déçu !

Corinne : - D'autres infos isabelle ?

Isabelle : - Pour aujourd'hui j'ai eu ma dose !

## Scène 7 : Corinne – Franck - Isabelle

*Jean revient en courant. Il crie. Franck écoute mais continue son trac. Il participe néanmoins à la discussion sans lever la tête.*

Jean : - Les flics ont débarqué !

Isabelle : - A la CGT ?

Corinne : - A FO ?

Franck : - Faites moins de bruit !

Jean : - Ils ont bloqué un local FO !

Isabelle : - Pour quelle raison ?

Corinne : - Je parie qu'ils trafiquent aussi le cannabis !

Franck : - Oui ben ça expliquerait bien des choses !

Jean : - Non à cause du vol des unités centrales !

Isabelle : - Quelles unités centrales !

Corinne : - Sans doute des ordinateurs !

Franck : - Ben oui des ordinateurs pas des cafetières électriques !

Jean : - La secrétaire générale a tout réquisitionné !

Isabelle : - Quelle drôle d'idée !

Corinne : - Ben comme ça plus personne n'a la mémoire du syndicat FO !

Franck : - S'il avait de la mémoire ça se saurait !

Jean : - Un membre de leur bureau a porté plainte pour vol, cambriolage et je ne sais plus quoi !

Isabelle : - comme ça elle contrôle tut Mémère !

Corinne : - Elle est vraiment odieuse cette femme !

Franck : - Je confirme cette affirmation !

Jean : - Ils se sont battus devant la police !

Isabelle : - Quelle image !

Corinne : - Quelle renommée !

Franck : - Quelle connerie !

Jean : - Quant- à la CGT… !

Isabelle : - Ah notre Jean ne vient jamais les mains vides !

Corinne : - Nous avons toujours notre compte de petites informations !

Franck : - Notre Jean-Jean va se dépêcher de nous raconter tout cela en vrac parce que je suis en train de bosser !

Jean : - Donc une manifestation CGT se déroule devant le commissariat !

Isabelle : - Pour quel motif ?

Corinne : - Ben oui pour quelle raison ?

Franck : - Ils veulent sans doute que les CRS ne puissent plus utiliser ni boucliers ni bombes lacrymogènes !

Jean : - Non ce n'est pas ça … c'est à cause de la séquestration !

Isabelle : - Ben la direction a retiré sa plainte !

Corinne : - Ils se sont dégonflés une fois encore !

Franck : - Sans commentaire !

Jean : - Les séquestrés ont eux aussi porté plainte et l'une d'elles résiste et ne veut pas retirer sa plainte !

Isabelle : - Elle a raison !

Corinne : - Bien joué !

Franck : - Bon alors tu finis ton histoire ?

Jean : - La police a donc interpelé tous les « séquestrateurs » !

Isabelle : - séquestreurs !

Corinne : - Ah bon ? Kidnappeurs !

Franck : - Et ?

Jean : - Et auditions, empreintes digitales …la totale !

Isabelle : - Sans doute un juge qui ne laisse pas passer !

Corinne : - ah ben pour une fois !

Franck : - Bon Jean tu es un con !

Jean : - Ben je n'ai rien dit de mal !

Franck : - Non mais tu m'obliges à modifier mon tract !

Corinne : - On peut savoir ce qu'il y aura dedans ?

Franck : - Non secret défense !

Corinne : - Là ce doit être du sérieux !

Isabelle : - Ce tract va être une bombe !

Franck : - Tu ne peux pas si bien dire !

Jean : - Qui veut une pizza ?

*Tout le monde s'arrête net et regarde Jean médusé.*

Jean : - Alors pizza anchois, casa, gratinée, plazza, médina, Buffalo, calzone, campagnarde, végétarienne, norvégienne, sicilienne, reine, savoyarde, capra, fromages, country, exotica, erotica… !

Corinne : Erotica ? c'est avec quoi ça ?

Jean : - Des bananes !

Isabelle : - Forcément !

Corinne : - Tu prends quoi Isa ?

Isabelle : - Hum... je vais prendre une pizza dynamite avec beaucoup de piments, poivres, gingembre ... !

Corinne : - Aphrodisiaque ta pizza !

Isabelle : - Oui je filerai un gros morceau à Franck !

Corinne : - Ben voyons !... Non Jean prends moi une petite pizza classique au fromage jambon champignons !

Jean : - ça marche ! Pizza dynamite et pizza classique ...et pour le chef ?

*Tous trois regarde Franck qui a l'air très accaparé par la rédaction de son tract.*

Corinne : - Le chef m'a l'air un peu soucieux !

Isabelle : - Le chef a peut-être besoin d'un bon massage !

Corinne : - Quand le chef est comme ça c'est bon signe !

Isabelle : - Ah il va accepter mes massages ?

Corinne : - Mais non !

Isabelle : - Je vais tout de même lui donner une part de ma pizza dynamite !

Corinne : - Jean, prends-lui une pizza ... !

Franck : - Non Jean, je veux une extra super impératrice !

Jean : - Je ne sais pas s'ils ont fait la révolution dans cette pizzéria !

Franck : - Bon alors une Reine !

**Lumière – Rideaux**

# ACTE 3

## Scène 1 : Jean – Isabelle

*Jean et isabelle sont dans le bureau de Franck, pensifs.*

Jean : - Il s'en passe des choses dans les syndicats !

Isabelle : - Oui mais le nôtre est plutôt tristounet !

Jean : - Pourquoi ?

Isabelle : - Pas de détournement d'argent !

Jean : - Ah ben encore une chance !

Isabelle : - Pas de bagarre entre délégués !

Jean : - Ah ben encore une chance !

Isabelle : - Pas d'histoire de fesses !

Jean : - Ah ben encore une chance !

Isabelle : - Ah ben oui mais c'est tout de même tristounet !

Jean : - Tu préférerais l'inverse ?

Isabelle : - A bien réfléchir non !

Jean : - Balancer des copains pour obtenir un grade supérieur ?

Isabelle : - Certainement pas !

Jean : - Voter avec la direction juste pour obtenir une prime ?

Isabelle : - Certainement pas !

Jean : - Jouer les révoltés du Bounty alors qu'ils ne sont jamais montés sur un bateau ?

Isabelle : - C'est une métaphore ?

Jean : - Métaphore ? Métacarpe ? Il n'y ait jamais rien compris …non c'est une image !

Isabelle : - Je crois comprendre !

Jean : - Ben oui ces gus d'autres syndicats font croire qu'ils sont de grands défenseurs des opprimés mais en réalité ils utilisent ces mêmes opprimés pour leur fin personnelle !

Isabelle : - et ils n'ont jamais réellement combattu la Direction !

Jean : - Ce sont leurs amis ! Ils s'entraident !

Isabelle : - Des salopards !

Jean : - Des fumiers !

Isabelle : - Des gangsters !

Jean : - Des escrocs !

Isabelle : - Pas mieux !

Jean : - On aurait pu faire pareil mais Franck n'a jamais voulu !

Isabelle : - Faire pareil ?

Jean : - Ben oui faire croire aux personnels et ne pas faire ou pire faire l'inverse !

Isabelle : - En un mot : mentir !

Jean : - Oui pour faire des cartes syndicales et remplir notre trésorerie !

Isabelle : - C'est honteux et répugnant !

Jean : - A vomir mais les autres le font !

Isabelle : - Ignobles crétins et ramassis de blaireaux sans conscience et sans honneur !

Jean : - Pas mieux non plus ! Isabelle tu as fait fort !

Isabelle : - C'est mon cœur qui a parlé !

Jean : - En tous les cas je partage l'orientation de Franck depuis le début !

Isabelle : - Moi aussi !

## Scène 2 : Jean – Isabelle – Corinne

*Corinne arrive un peu inquiète.*

Corinne : - Salut vous deux !

Jean : - Salut Corinne !

Isabelle : - Eh bien ma vieille tu as l'air tourmentée ?

Corinne : - Juste un peu… !

Jean : - Que se passe-t-il ?

Corinne : - Vous avez vu Franck ?

Jean : - Pas dans l'immédiat non !

Isabelle : - Sans doute une réunion ou un rendez-vous !

Corinne : - Il n'a rien sur son agenda !

Jean : - Bah il travaille quelque part de toutes les façons !

Isabelle : - ou alors ça y est avant même d'entamer une relation avec moi il m'a déjà trompée !

Corinne : - Non sérieusement je me demande ce qu'il se passe !

Jean : - La dernière fois que je l'ai croisé ce n'était pas loin de la salle de reprographie !

Isabelle : - S'il pouvait se reprographier !

Corinne : - Tu ne l'as plus vu ensuite ?

Jean : - Non !

Isabelle : - Moi non plus !

Corinne : - J'ai fait les cantines habituelles du secteur !

Jean : - Tu as été voir au café restaurant ?

Isabelle : - Ou au restaurant turc ?

Corinne : - J'ai fait les deux et même la sandwicherie !

Jean : - le petit restaurant en bas de la faculté de médecine ?

Isabelle : - C'est vrai il y va de temps en temps !

Corinne : - Non plus… et son portable ne répond pas !

Jean : - Un enlèvement par la CGT ?

Isabelle : - Une séquestration par FO ?

Corinne : - Cessez donc de blaguer !

Jean : - Peut-être est-il tout simplement en entretien avec le Directeur des Ressources Humaines ou le Directeur Général !

Isabelle : - C'est vrai que Franck va les rencontrer parfois de manière imprévue !

Corinne : - Pas son habitude de ne rien dire !

Jean : - Il avait l'air tourmenté !

*Chaque fois isabelle appuie ses propos.*

Isabelle : - excité plutôt !

Corinne : - Moi je l'ai trouvé un zeste agité !

Jean : - empressé !

Isabelle : - ardent !

Corinne : - il était mystérieux !

Jean : - ah oui mystérieux… énigmatique !

Isabelle : - impénétrable !

Corinne : - Bref on ne sait pas ce qu'il a dans la tête !

Jean : - un cerveau c'est sûr !

Isabelle : - hum et des pensées vagabondes !

Corinne : - Il a dû avoir une bonne idée !

Jean : - Comme souvent !

Isabelle : - Sauf en ce qui me concerne !

Corinne : - « ce tract va être une bombe ! »

Jean : - Il l'a répété assez souvent !

Isabelle : - J'aurai préféré Isabelle est une bombe !

Corinne : - Il l'a rédigé !

Jean : - Et est parti avec !

Isabelle : - Pour le reprographier !

Corinne : - Donc il s'agit bien du contenu de ce foutu tract !

Jean : - Sur l'ordinateur ?

Isabelle : - Bien sûr l'a-t-il éteint ?

Corinne : - Oui !

Jean : - Mince je ne connais pas son code !

Isabelle : - sa date de naissance ?

Corinne : - Trop facile !

Jean : - la date de création du syndicat ?

Isabelle : - Trop compliqué !

## Scène 3 : Jean – Isabelle – Corinne – Franck

*Franck arrive sans bruit et surprend les trois autres autour de son ordinateur. Corinne tapote le code que chacun tente de lui transmettre pour ouvrir la cession de Franck.*

Jean : - Administrateur !

Corinne : - Non !

Isabelle : - sexe !

Corinne : - Non !

Jean : - syndicat !

Corinne : - Non !

Isabelle : - sentiments !

Corinne : - Non !

Isabelle : - amour !

Corinne : - Non !

Jean : - Hôpital !

Corinne : - Non !

Jean : - instances !

Corinne : - Non !

Isabelle : - Levrette !

Corinne : - Isabelle tu n'as pas bientôt fini !

Isabelle : - Ah ben je cherche au moins !

*Jean s'aperçoit de l'arrivée de Franck et s'écarte un peu en silence. Il ne signale pas la présence de Franck.*

Corinne : - Connaissant le chef, il a certainement un mot de passe recherché !

Isabelle : - Certainement un mot trouvé dans la littérature ou un mot latin peut-être !

Corinne : - Pourquoi latin ?

Isabelle : - Il s'amusait à citer des expressions latines avec marc la semaine dernière !

Corinne : - Quelle drôle d'idée ! Tu en connais toi ?

Isabelle : - Ben non !

Corinne : - Ce serait un mot banal que cela ne m'étonnerait pas non plus !

Isabelle : - Du genre ?

Corinne : - Genre un truc qu'il aime … !

Isabelle : - Manger ?

Corinne : - ben oui pourquoi pas !

*Franck lance un mot se mêlant un peu à la conversation.*

Franck : - Cassoulet !

*Isabelle regarde Franck avec un air de surprise. Jean écarte les mains exprimant ainsi ses excuses de n'avoir pas pu prévenir de la présence du secrétaire général. Corinne continue dans ses recherches sans faire trop attention.*

Corinne : - Cassoulet ? Alors là c'est vraiment du n'importe quoi !

Isabelle : - Moi je me dis que tu devrais tenter cassoulet !

Corinne : - C'est ridicule !

Jean : - Tape le tu verras bien !

Corinne : - Vous m'agacez tous les deux !

Isabelle : - Vas-y ma cocote !

*Corinne s'exécute*

Corinne : - Cassoulet… !

*Elle observe l'écran, écarquille les yeux et s'exclame.*

Corinne : - Alors là…incroyable…merveilleux…lumineux…qui donc a découvert le code de Franck ?

Franck : - Moi !

*Elle reconnait la voix, reste un peu figée puis se retourne doucement. Tous trois regardent Franck un peu honteusement.*

Corinne : - On ne voulait pas être indiscrets !

Isabelle : - Non juste voir ce que tu avais pondu dans le tract !

Corinne : - Oui ça avait l'air de te mettre dans un drôle d'état !

Jean : - Presqu'en transe !

Isabelle : - C'est ça : dans un état second !

Franck : - Vous exagérez juste un peu…Bon, je vais vous expliquer tout ça !

Isabelle : - Le mystère va être levé enfin !

Corinne : - Nous sommes tout ouï !

Jean : - par contre moi je devais récupérer Sophie et je vais devoir y aller !

Franck : - Vas-y Jean les copines te répercuteront l'information !

Jean : - Merci chef mais la nana entre nous ce n'est pas un cadeau !

Franck : - Je m'en suis aperçu !

Jean : - A tout à l'heure !

*Jean quitte le bureau et s'en va dans le couloir.*

## Scène 4 : - Isabelle – Corinne – Franck

*Les deux femmes s'asseyent pour écouter religieusement les explications de Franck.*

Franck : - Bon je vais commencer par une petite leçon d'histoire !

Corinne : - J'adore !

Isabelle : - Moi aussi !

Franck : - Le syndicat FO a vécu de nombreux soubresauts jusqu'à devenir ce que vous connaissez maintenant !

Corinne : - C'était mieux avant ?

Isabelle : - ou c'était pire ?

Franck : - C'était autre chose… En fait plusieurs affaires se sont cumulées avec les anciens syndicalistes qui dirigeaient le syndicat !

Corinne : - Des affaires !

Isabelle : - De sales affaires sans aucun doute !

Franck : - Il y a eu des affaires de cœur ou de cul selon les rumeurs malveillantes qui ont été colportées !

Corinne : - Des ragots internes sans aucun doute !

Isabelle : - Ah bon ça c'est malveillant ?

Franck : - Ensuite il y a eu des affaires dites financières !

Corinne : - Détournements ?

Isabelle : - Vols ?

Franck : - Disons des faux remboursements par les assurances ou les fédérations de matériels syndicaux volés !

Corinne : - Quel genre de matériels ?

Franck : - Des cartes vierges, des timbres, bref ce qui devait servir à syndiquer les gens !

Corinne : - Je ne savais pas que les assurances remboursaient ça ?

Isabelle : - T'inquiète pas que FO soit le genre à savoir ce genre de truc !

Franck : - Ces différentes affaires ont créé une sorte de levée de boucliers !

Isabelle : - Ils étaient armés ?

Franck : - Mais non !

Corinne : - Enfin Isabelle c'est une expression pour dire qu'il commençait à y avoir des contestations !

Isabelle : - Ben je ne dis pas de bêtises...en Corse ils sont armés !

Franck : - Soit… donc plusieurs groupes se sont formés en pensant reprendre d'une manière ou d'une autre la direction du syndicat et ainsi reformer quelque chose qui ressemble à une forme de syndicat !

Corinne : - C'était donc la tempête !

Isabelle : - Le cyclone !

Franck : - Après avoir viré le secrétaire national de l'époque sous une pluie de rumeurs et de mensonges, quelques faits réels et surtout beaucoup de haine, un autre secrétaire a été élu mais tout le monde savait qu'il n'avait pas assez de compétences… !

Corinne : - donc : Viré !

Isabelle : - Aussi ?

Franck : - Oui viré et remplacé bien vite par une volontaire qui sans un charme apparent n'avait plus grand-chose à montrer !

Corinne : - ça veut dire ?

Isabelle : - Je pense que Franck a voulu dire qu'on voyait beaucoup de choses !

Corinne : - Quelles choses ?

Isabelle : - Des choses physiques !

Corinne : - Non pas de son physique tout de même ?

Franck : - Si … !

Corinne : - Tout ?

Isabelle : - Tant qu'à faire !

Franck : - Pas tout mais bon un peu d'imagination suffisait à compléter les infimes parties manquantes sur le puzzle !

Corinne : - rhôôôôôô !

Isabelle : - Si elle n'était pas moche pourquoi pas !

Franck : - Isabelle ne t'égare pas !

Corinne : - Tu en serais capable dévergondée !

Isabelle : - Seulement si j'étais bloquée dans un bureau avec quelqu'un que je connais !

Franck : - Hum...bon... donc virée également !

Corinne : - ben dis donc une de plus !

Isabelle : - Et une de moins !

Franck : - Cela continue...un brave type passant par là... hop Secrétaire Général... Il savait à peine comprendre un texte et quasiment pas écrire du tout ...donc ?

Corinne : - Viré !

Isabelle : - Allez hop y'a rien à voir !

Franck : - Le temps de trouver encore un ou deux pigeons... !

Corinne : - Ejecté !

Isabelle : - Balancé !

Corinne : - Supprimé !

Isabelle : - Effacé !

Corinne : - Rayé !

Isabelle : - zigouillé !

Corinne : - Liquidé !

Franck : - ... et...on en arrive à miss Prout Prout qui après avoir opposés l'ensemble des gens qui auraient pu de manière solidaire faire fonctionner la boutique, après les avoir fait éliminer ou obligés à partir, voire même les a écœurés du syndicalisme... s'est finalement retrouvée seule entourée de naïfs !

Corinne : - La patronne quoi !

Isabelle : - la cheftaine !

Franck : - Sauf que d'animatrice d'un syndicat elle est devenue au fil des ans la gourou d'une véritable secte !

Corinne : - Là on connait !

*Corinne et Isabelle miment une femme agitée, à la voix criarde, gesticulant en tous sens.*

Isabelle : - Tous les autres syndicats nous bernent !

Corinne : - Tous les directeurs sont des profiteurs !

Isabelle : - les journalistes sont des menteurs !

Corinne : - Toutes celles et ceux qui quittent FO sont des voleurs !

Isabelle : - Ou des nullités !

Corinne : - Il est interdit de dire bonjour aux autres représentants du personnel !

Isabelle : - Il n'est pas interdit d'insulter un Directeur ou un cadre !

Corinne : - Il est formellement conseiller d'empêcher les gens de parler lors des réunions !

Isabelle : - Nous avons le droit pour nous car nous sommes les meilleurs !

Corinne : - Les plus beaux !

Isabelle : - Nous sommes le seul vrai syndicat !

Corinne : - Un syndicat qui ne se vend pas !

*Le calme retombe.*

Franck : - Qui ne se vend pas …alors là ça me fait doucement sourire…rappelez-vous quelques dossiers traités avec le Directeur Adjoint !

Corinne : - Des vendus ces gens-là !

Isabelle : - Une sacrée bande de rigolos !

Franck : - Bon… donc la patronne a mis en place son staff d'ignorants qu'elle a éduqué elle-même sans rien connaître des droits syndicaux sauf comment tricher et de pas les respecter !

Corinne : - On a vu ça aux élections !

Isabelle : - Le vol des cotes par correspondance a été prouvé !

Franck : - Oui cette fois ils se sont fait trop remarquer !

Corinne : - Grillés !

Isabelle : - Plombés !

Franck : - Toutes ces affaires ont bousculé une fois encore ce syndicat jusqu'à mettre en place à nouveau des oppositions et surtout des ras le bol de méthodes … !

Corinne : - Fascistes ?

Isabelle : - Bolchéviques ?

Franck : - On va dire extrêmes !

Corinne : - J'ai appris que certains avaient mis en place un groupe de dissidents !

Isabelle : - Moi je crois qu'il y en a deux ou trois !

Franck : - Pour cette raison j'ai sorti un premier tract précisant que notre syndicat ne prendrait aucun individu issu de ce syndicat malade !

Corinne : Et ?

Franck : - Quel effet ce tract a-t-il pu avoir sur la cheftaine narcissique à l'excès ?

Isabelle : - La connaissant elle a dû vouloir la peau des dissidents !

Corinne : - Les exterminer !

Franck : - Donc la lutte interne a dû être féroce !

Isabelle : - Oh que oui !

Franck : - Et ?

Corinne : - Je ne vois pas … !

Isabelle : - Je te donne ma langue… !

Corinne : - C'est au chat d'habitude !

Isabelle : - Je sais ! Je sais ! Mais si j'ai envie de lui offrir ma petite langue ?

Corinne : - Râpeuse comme celle des chats !

Franck : - Je vais vous demander votre accord pour intégrer dans notre syndicat deux ex représentantes de ce syndicat !

*Les deux femmes se regardent désabusées.*

Isabelle : - Bon c'est vrai qu'ils ne sont pas tous mauvais !

Corinne : - Mauvais et médiocres à l'image de leur cheftaine !

Franck : - C'est à nous d'accepter les meilleurs ou en tous les cas celles et ceux dont la morale est bonne et qui veulent réellement s'occuper des personnels !

Isabelle : - ça ne va pas être dur !

Corinne : - Oui déjà l'autre, le grand qui a des tiques et des toques, qui parle en gesticulant et qui souvent lâche une grossièreté toutes les dix minutes !

*Isabelle le mime.*

Isabelle : - Oui le syndicat que je représente…hip hop…tic toc…. Est respectable et demande à être respecté …tic toc …hop Hip … Comment ? Mais je vous emmerde espèce de connard !

*Corinne se pince le nez.*

Corinne : - Tout à fait lui… Celle avec qui il ne fait pas bon de rester dans une pièce tellement elle a oublié que pour une toilette il fallait aussi du savon !

Franck : - Eliminée !

Isabelle : - Celui qui ne finit jamais ses phrases !

*Corinne mime celui qui ne finit jamais ses phrases.*

Corinne : - Je vais vous dire que…monsieur le Directeur êtes-vous…mais tout de même où va … néanmoins pourquoi tenter cette… sans blague on se moque de nous !

Franck : - Eliminé !

Isabelle : - Le cambrioleur !

Corinne : - Le quoi ?

Franck : - Ah oui je vois !

Corinne : - Moi je ne vois pas !

Franck : - une drôle d'histoire encore !

Isabelle : - Celui qui cambriolait les locaux du syndicat aux ordres de sa patronne juste pour récupérer des documents et sans doute se faire rembourser quelques trucs au passage !

Corinne : - C'est scandaleux !

Franck : - Eliminé !

Isabelle : - Le lanceur de pierre !

Corinne : - Il lançait des pierres ?

Franck : - Avec un lance pierre !

Corinne : - Non ?

Franck : - Mais si !

Isabelle : - Devine sur quoi ?

Corinne : - Des fenêtres ?

Franck : - Trop facile !

Corinne : - je ne sais pas ... !

Franck : - des trucs qui peuvent voir et enregistrer !

Isabelle : - Ouiiii, les caméras de surveillance !

Corinne : - Ils en ont cassé ?

Franck : - Au moins trois ou quatre !

Isabelle : - Mais chaque fois il y avait un gars de la sécurité devant les écrans et il notait le nom des lanceurs !

Franck : - Je pense qu'il y en a au moins vingt à éliminer tout de suite !

Isabelle : - Il en reste autant !

Corinne : - Il faut trier tout de même !

Franck : - Bien entendu cela ne se fera qu'avec l'accord de tous les membres de notre bureau !

Corinne : - Bon je vais en voir quelques-uns sur le secteur sud !

Isabelle : - Moi je téléphone à Jean pour qu'il aille sur le secteur Nord !

## Scène 5 : Isabelle – Franck

*Corinne quitte le bureau et Isabelle se presse au téléphone tandis que Franck range quelques dossiers sur le bureau.*

Isabelle : - Salut Domi, Franck se propose d'ouvrir la porte à quelques délégués ex FO qui souhaiteraient continuer leur travail syndical chez nous… .... Mouais… mouais…mouais…. Donc, tu es plutôt d'accord ? Merci Domi… !

Franck : - Dominique a bien compris le sens de la démarche !

Isabelle : - Salut Peggy, Franck se propose d'ouvrir la porte à quelques délégués ex FO qui souhaiteraient continuer leur travail syndical chez nous… .... Mouais… mouais…mouais…. Donc, tu es plutôt d'accord ? Merci Peggy… !

Franck : - Elle a dû tergiverser un peu parce que certains délégués ont été insultants dans les instances mais finalement Peggy est solidaire des décisions et les partage… !

Isabelle : - Salut Arturo, Franck se propose d'ouvrir la porte à quelques délégués ex FO qui souhaiteraient continuer leur travail syndical chez nous… .... Mouais… mouais…mouais…. Donc, tu es plutôt d'accord ? Merci Arturo… !

Franck : - Pareil pour Arturo et responsable de son positionnement !

Isabelle : - Bon y'a plus qu'à attendre le résultat de Caroline !

Franck : - Il sera identique à mon avis !

Isabelle : - Ah ben la voilà qui m'appelle ...oui ? Tous ? Bon… ok j'en informe le chef !

Franck : - Unanimité ?

Isabelle : - Unanimité !

Franck : - Voilà une bonne chose de faite !

Isabelle : - Comment les droits syndicaux couvriront ils tous ces gens qui vont entrer chez nous ?

Franck : - Ils n'entreront pas tous et ils seront couverts jusqu'aux élections !

Isabelle : - Ce n'est pas risqué ?

Franck : - Ils seront prévenus : ils devront travailler pour que le résultat se traduise par une couverture de droits et donc d'heures syndicales. Si nous n'avons pas de résultat positif, les derniers arrivés devront retourner au travail !

Isabelle : - Ah ben c'est clair !

Franck : - Il faut être honnête avec tout le monde !

Isabelle : - C'est un sacré deal !

Franck : - Il n'est pas malhonnête !

Isabelle : - C'est ce que l'on appelle de l'investissement !

Franck : - Exactement !

Isabelle : -Un bon placement !

Franck : - Tout à fait !

Isabelle : - Une bonne collaboration !

Franck : - Oui !

Isabelle : - Une collocation réussie !

Franck : - Si tu veux !

Isabelle : - Une coopération positive !

*Franck commence à être agacé des répétitions de sa collègue et sa colère monte progressivement.*

Franck : - Aussi !

Isabelle : - Un partenariat fructueux !

Franck : - Oui bon c'est bon … !

Isabelle : - Une collaboration dynamique !

Franck : - C'est bon : on a compris !

Isabelle : - Une participation efficace !

Franck : - Non mais c'est fini ?

Isabelle : - Tu veux que j'arrête ?

Franck : - Oui !

Isabelle : - J'ai abusé !

Franck : - Tu es énervée !

Isabelle : - Je n'ai pas été sage !

Franck : - Bon c'est tout, on ne va pas en faire un fromage !

Isabelle : - Je regrette de t'avoir mis en colère !

Franck : - N'en parlons plus !

Isabelle : - Comment me faire pardonner ?

Franck : - Tout va bien !

Isabelle : - Il faut que je sois plus gentille avec toi !

*Elle s'approche de Franck en jouant les vamps.*

Franck : - Isabelle, ne recommence pas !

Isabelle : - Je n'ai encore rien fait !

Franck : - Et tu ne feras rien !

Isabelle : - Qui ne risque rien n'a rien !

Franck : - Ce n'est pas vrai !

Isabelle : - Mieux vaut peu que rien !

Franck : - Ben voyons !

Isabelle : - On n'a rien sans mal !

Franck : - Bien sûr !

Isabelle : - Les plus belles choses ne coûtent rien !

Franck : - Puis-je reprendre normalement mes activités sans risque ?

Isabelle : - Non !

Franck : - Comment non ?

Isabelle : - Il y aura toujours ce risque énorme !

Franck : - Lequel ?

Isabelle : - que tu tombes follement amoureux de moi !

Franck : - Je me disais bien !

Isabelle : - Je t'observe depuis quelques années déjà !

Franck : - justement !

Isabelle : - Tu es un drôle d'animal !

Franck : - En voie d'extinction !

Isabelle : - Certainement !

Franck : - Une brave bête en tous les cas !

Isabelle : - Un cas tout simplement !

Franck : - Tu fais partie de Greenpeace ?

Isabelle : - Non !

Franck : - Ben alors !

Isabelle : - Je t'ai dit je t'observe depuis bien longtemps et je ne cesse d'être étonnée !

Franck : - Il n'y a pas de quoi !

Isabelle : - Tu me fais rire !

Franck : - Il n'y a pas de quoi non plus !

Isabelle : - Tu manages à la cool et tout avance à vitesse grand V sans que personne ne souffre d'un travail trop conséquent ou de sautes d'humeur comme dans un autre syndicat bien connu !

Franck : - Pourquoi manager à la dure ?

Isabelle : - Souvent les hommes qui ont un peu de pouvoir le font !

Franck : - Pas moi ! C'est contreproductif !

Isabelle : - Là encore je te retrouve !

Franck : - Je ne changerai pas !

Isabelle : - Tant mieux !

Franck : - Ne recommence pas !

Isabelle : - Jusqu'à la mort !

Franck : - Je me demande qui est le cas ici !

*Franck prend une pile de dossier et s'en va pour les examiner sur le bureau.*

Franck : - J'ai un pauvre type alcoolique en phase de traitement et de soins en hôpital de jour qui vient d'être sanctionné et mis à pied : deux ans sans sursis !

Isabelle : - Houlà !

Franck : - Oui une condamnation à mort de sa charmante directrice !

Isabelle : - Tu vas intervenir ?

Franck : - Il faut absolument que je trouve une parade juridique pour arrêter cela !

Isabelle : - Bon je vais te laisser ....

Franck : - Peux-tu aller chercher les autres, Isabelle ?

Isabelle : - De suite ?

Franck : - Oui si tu veux bien !

Isabelle : - J'y vais !

Franck : - Ne marche pas trop vite !

*Isabelle sort du bureau et s'en va dans le couloir.*

## Scène 6 : Franck

*Franck feuillette rapidement quelques parties du dossier.*

Franck : - Ce que je n'aime pas ce n'est pas que la direction ait été plutôt féroce avec sa sanction ...c'est qu'elle ne tient même pas compte que le pauvre type se soigne... Il n'a tué personne, il a juste planqué une bouteille et parfois été un peu ivre... La directrice l'a fait venir alors qu'il était en Hôpital de jour pour un sevrage... sous tranquillisants et de surcroît sur un arrêt maladie... scandaleux ... Elle n'a pas cherché à comprendre pourquoi ce pauvre mec buvait... battu en étant gosse...violé sans doute... travail à quatorze ans... compliqué tout cela... C'est certain que le passé du gars n'entre pas dans ses considérations ... La directrice qui la précédait offrait l'apéro à cet agent et à ses collègues ... la culture a changé... et puis il faut montrer qu'on en a... que la force et l'autorité sont là... Quelle connerie... Si ce pauvre gars se jette sous une voiture...la presse aura ma version et sans ménagement... car là, ce n'est pas un mensonge mais une sinistre réalité... Bon, pour le moment trouvons des vices de forme dans cette commission de discipline ridicule où les membres étaient briffés pour la fermer...

*Il tourne quelques pages et prend quelques notes, en silence, la tête baissée.*

## Scène 7 : Jean – Isabelle – Corinne – Franck – Sophie

*Les collègues reviennent ensemble et entrent doucement sans faire de bruit. Ils se placent autour du bureau. Franck reste la tête baissée.*

Isabelle : - Mission accomplie Chef !

Franck : - Tout le monde est là ?

Isabelle : - Oui chef !

Franck : - Je termine ma phrase… !

*Tous le regardent et patientent.*

Corinne : - Il est sérieux !

Sophie : - C'est le grand Chef !

Isabelle : - Il est beau !

Jean : - Chut n'embêtez pas le boss !

Franck : - Voilà ! Je suis totalement à vous !

Isabelle : - Si cela pouvait être vrai !

Corinne : - Isabelle …un peu de sérieux !

Isabelle : - Justement je suis sérieuse !

Jean : - Bon les filles ! Silence !

Corinne : - Hou le macho qui nous appelle les filles !

Sophie : - Oui c'est très sexiste Monsieur JEANAIMARRE !

Isabelle : - Fille… ça fait un peu fille de joie !

Jean : - Je n'ai pas voulu dire ça !

Corinne : - Il fallait le dire autrement alors !

Sophie : - Monsieur JEANAIMARRE ce n'est pas bien !

Isabelle : - Jean tu ne fais pas le poids !

Jean : - Pourquoi l'une d'entre vous a grossi ?

Corinne : - Alors là c'est irrespectueux !

Sophie : - Grossier personnage !

Isabelle : - Menteur en plus !

*Jean les regarde avec un petit sourire ironique. Franck intervient.*

Franck : - Peut-on démarrer ?

Corinne : - Je suis tout ouï !

Franck : - Je termine ma mission syndicale prochainement !

*Tous restent silencieux un moment, choqués par cette annonce.*

Corinne : - Terminer veut dire …finir un dossier ?

Sophie : - Moi j'ai plutôt compris arrêter le syndicalisme !

Isabelle : - Moi je préfère n'avoir rien compris !

Jean : - Moi j'ai envie de pleurer !

Franck : - Il faut passer le flambeau dans les meilleures conditions possibles et là ce devrait être le cas !

Corinne : - On va se brûler avec ce flambeau !

Sophie : - Qui va me défendre ?

Isabelle : - Je crois que je vais pleurer aussi !

Jean : - Tu es bien une nana toi !

Isabelle : - Ben tu pleures aussi !

Jean : - Je suis un mec qui pleure !

Franck : - Il n'y a pas de quoi pleurer !

Corinne : - Pourquoi …que se passe-t-il ? Qu'est-ce qui t'amène à cette décision !

Franck : - Cela fait un certain nombre d'année que je mène ce syndicat et que nos progressions sont constatées tant en adhésions supplémentaires qu'en résultats électoraux plus importants … !

Corinne : - Nous devons être les seuls dans ce cas !

Sophie : - Les syndicats perdent des adhérents bien souvent !

Isabelle : - Ben pas nous … augmentation annuelle à deux chiffres !

Jean : - Encore cette année !

Franck : - Je vous annonce également l'arrivée de nouveaux représentants issus d'un autre syndicat !

Corinne : - En décomposition ?

Sophie : - Celui que je connais ?

Isabelle : - Il y a de beaux mecs ?

Jean : - Et de jolies nouvelles déléguées ?

Franck : - Des personnes compétentes surtout et qui ont réellement envie de faire du syndicat avec passion !

Corinne : - C'est le principal !

Franck : - Le futur sera donc lancé !

Corinne : - Oui et bien tu fais partie du passé mais aussi du futur !

Isabelle : - Je ne vois pas trop le futur sans toi !

Jean : - Moi j'ai envie de pleurer une nouvelle fois !

Franck : - Toutes les conditions sont réunies pour vous assurer un bel avenir syndical !

Corinne : - Ben oui mais…

Sophie : - Sans vous…

Isabelle : - Pas pareil…

Jean : - Je suis solidaire de ce qui est dit !

Franck : - Personne n'est immortel !

Corinne : - Ah oui ça on sait !

Isabelle : - A mes yeux : si !

Jean : - Putain c'est beau ce qui est dit !

Franck : - Nous ne sommes tous que de passage et il faut devenir à un moment ce que l'on nomme un passeur de lumière !

Corinne : - Quand on peut l'être… !

Isabelle : - Tu en est un et un bon, Franck !

Jean : - Comment peut-on être aussi émotif ?

Franck : - Il faut toujours choisir le moment favorable pour le faire et je pense que c'est le moment !

Corinne : - On n'y arrivera pas sans toi !

Sophie : - Mes observations me font penser que ce que dit Corinne est vrai !

Isabelle : - Compliqué !

Jean : - Très difficile !

Franck : - Vous êtes bien formés et il suffira que vous avanciez dans le bon sens en vous posant les bonnes questions !

Corinne : - Quel est le sens ?

Sophie : - Quelles sont les questions ?

Isabelle : - Comment avancer ?

*Jean ne sait plus quoi ajouter.*

Jean : - Tout ça !

Franck : - Vous faites les imbéciles !

Corinne : - Ce n'est pas facile pour nous de penser que tu ne serais pas là !

Sophie : - J'avoue que vous êtes une référence !

Isabelle : - Une horrible pensée !

Jean : - Ici git un combattant syndicaliste : Franck !

Franck : - Tout de même pas…je ne serais pas mort…je serai retraité !

Corinne : - Retraité ?

Sophie : - Une bêtise !

Isabelle : - N'importe quoi !

Jean : - Une connerie !

Franck : - Mais enfin, aurais-je travaillé pour vous léguer un héritage et vous le dilapider ?

Jean : - Y'a combien ?

Sophie : - Monsieur Jean je ne vous pensais pas si vénal !

Jean : - Vénal ? Quelle drôle d'idée !

*Jean s'approche de Corinne.*

Jean : - ça veut dire quoi vénal ?

Corinne : - Que tu ne penses qu'au fric !

Jean : - Ah j'ai cru que cela voulait dire que j'étais comme un champignon ou comme une maladie sexuelle !

*Isabelle qui a entendu s'approche et dit tout en riant.*

Isabelle : - Un champignon c'est vénéneux et la maladie ... vénérienne !

Jean : - Au syndicat on apprend plein de choses... je vais monter en grade bientôt !

Franck : - Sans aucun doute mon ami Jean, d'ailleurs le syndicat FU a laissé supposer que nous allions tous monter en grade tellement la direction nous aime !

Corinne : - Ils ne sont pas gonflé ceux-là !

Jean : - On a même appris de l'un d'entre eux que des primes bien élevées étaient versées à certains de leurs dirigeants !

Corinne : - Par leurs amis de la Direction !

Franck : - Allez ! Trêve de plaisanterie sur ces profiteurs stupides... le syndicat va devoir poursuivre son chemin, sa lente mais constatée ascension !

Jean : - Sans ascenseur !

Corinne : - Mais avec détermination !

Isabelle : - Compétence !

Sophie : - Et honnêteté !

*Franck se lève et annonce solennellement.*

Franck : - Mes amis, le syndicalisme est là pour défendre l'intérêt collectif de nos collègues. Nous ne sommes ni des politiciens, ni la direction d'un établissement. Nombre de syndicats se prennent pour ce qu'ils ne sont pas... souvent par intérêt propre. Nous sommes représentants de nos collègues et nous nous devons de ne jamais trahir leur confiance en nous substituant à leurs souhaits. Restons vertueux et éloignons de nous toutes ces idées de pouvoir ou de profit !

Corinne : - Si notre orientation et nos convictions étaient différentes, je ne serais jamais venu adhérer à notre syndicat !

Franck : - Il faut que le syndicalisme soit le garant des règles et des lois, tout autant que des valeurs morales !

Isabelle : - Et c'est là que l'on se réveille ?

Franck : - Si je ne croyais pas en cela je ne ferai pas de syndicat !

Isabelle : - Et je ne serais pas là non plus !

Franck : - Seulement pour cela ?

Isabelle : - Pas seulement mais ceci sera une autre histoire !...

**FIN**

**RIDEAUX – LUMIERES**

Printed by Books on Demand GmbH, Norderstedt / Germany